CONCILIATION INTERNATIONALE

La protestation du Pt N. Murray BUTLER

Discours prononcé a l'ouverture de la Conférence de Lake-Mohonk, le 18 mai 1910.

N° 6 — JUIN

DELAGRAVE, ÉDITEUR, PARIS
1910

INTRODUCTION

Nous avons eu le regret de ne pas pouvoir nous rendre à l'invitation de M. Smiley et de ne pas prendre part à cette conférence annuelle de Lake-Mohonk, organisée depuis des années par son initiative aussi généreuse que clairvoyante. Avec nos relations, nos devoirs s'étendent et se multiplient, au delà de nos forces malheureusement. Nous tenons d'autant plus à donner à nos amis la traduction du discours qu'a prononcé notre ami M. Nicholas Murray Butler en ouvrant les travaux du Congrès qu'il présidait.

Ce discours est intéressant en lui-même, par la netteté avec laquelle il fait ressortir que le problème de l'éducation pacifique n'est autre chose qu'une des formes de l'éducation morale qui s'impose à l'ensemble des Nations, à chacune et à toutes ; il est intéressant, en outre et plus encore, par la franchise, par la liberté de langage et d'action qui le distingue des discours prononcés en Europe par des personnalités de même ordre et de même importance.

Il est vrai qu'en Europe le souvenir des guerres des siècles passés pèse sur toutes les intelligences et sur tous les cœurs : nul n'y est libre, à commencer par les Français, de parler sans réserve de la question des armements et de celle de la paix.

Il n'en est que plus nécessaire de constater ce qu'un Président d'Université, le Président de la Grande Université de Columbia, croit avoir le droit et le devoir de dire, d'écrire et de publier, pour arrêter ses concitoyens et son Gouvernement dans la voie de l'erreur commune.

En France les plus modérés ne manqueraient pas de faire au P[t] N. M. Butler cette objection : Toute vérité n'est pas bonne à dire !.. Aux Etats-Unis personne n'y songe ; tout au moins nul ne peut gêner la liberté de conscience de cet éducateur et l'empêcher de proclamer que l'avenir politique de son pays est dans le respect de la justice et dans une initiative hardie à prendre contre la guerre et contre l'accroissement des armements.

De telles paroles, de tels exemples passeraient inaperçus en Europe, grâce à l'ignorance ou à la complicité de la presse toujours docile aux influences que l'on sait, si la Conciliation ne prenait pas le soin de les faire connaître à ses amis, lesquels en font profiter leur entourage. A l'opinion publique empoisonnée par les informations tendancieuses il est heureux que quelques hommes libres et désintéressés de tous les pays apportent le contrepoison de la vérité.

D'ESTOURNELLES DE CONSTANT.

Dans un prochain bulletin nous publierons, avec d'intéressantes statistiques, la lettre que le P[t] Butler avait antérieurement adressée à un membre du Congrès de Washington pour protester contre l'accroissement des constructions navales américaines. L'autorité de cette lettre a déjà été invoquée à la tribune du Sénat français dans la récente discussion relative à la construction de deux nouveaux Dreadnought ; elle fait d'autant plus honneur et à son auteur et aux Etats-Unis que l'erreur générale est plus obstinée.

L'ARBITRAGE

& LA LIMITATION DES ARMEMENTS

DISCOURS DU PRÉSIDENT N. MURRAY BUTLER
A LA CONFÉRENCE DE LAKE-MOHONK
(18 MAI 1910)

Nul ne contestera que la cause pour le service de laquelle est réunie cette conférence ait fait d'importants progrès pendant l'année qui vient de s'écouler. Les divers incidents qui marquent ces progrès feront largement l'objet de nos discussions, notamment la note circulaire du Secrétaire Nox portant la date du 18 Octobre et proposant d'attribuer à la Cour des Prises les fonctions de Cour d'Arbitrage..., la déclaration publique du Président Taft, faite à New-York, le 22 Mars 1910, portant qu'il n'existe pas de questions touchant l'honneur ou les intérêts d'un Etat civilisé qui ne puissent être réglées juridiquement ; la contribution du Congrès à l'admirable entreprise de l'Union Interparlementaire ; enfin la décision de soumettre au Tribunal de La Haye la controverse séculaire Anglo-Américaine concernant les pêcheries de Terre-Neuve.

Aux impatients nous pouvons dire que nous marchons régulièrement à notre idéal, et que les principales forces politiques, économiques et morales qui agissent sur le monde coopèrent avec nous. A ceux, au contraire, qui redoutent que nos progrès ne soient trop rapides et ne compromettent la sécurité nationale en poursuivant la justice internationale, nous disons que la justice est le seul réel et permanent terrain de sécurité, pour les hommes comme pour les Nations, et que, jusqu'à présent, dans l'histoire de l'humanité, le diable a toujours suffi à la propre cause, sans qu'il soit nécessaire de lui prêter l'appui des forces humaines consacrées à la défense du Droit.

Le principal danger que nous courrions nous, hommes pratiques, dans notre effort pour arriver à un but pratique, par un chemin pratique, contre l'opposition des rêves et des illusions des théoristes qui, tâtonnant dans le brouillard, prétendent que l'humanité doit éternellement être gouvernée par la force brutale et la cruauté et qu'elle doit éternellement convoiter le pouvoir et l'argent ; le seul danger que nous courrions est de ne pas comprendre que la cause de la justice internationale est indissolublement liée et se confond avec une complète philosophie de la vie. Il est impossible de la concevoir indépendamment de nos façons de penser et d'agir, individuelles ou nationales, relativement à tous les intérêts et à tous les problèmes. C'est une complication pour les uns, une simplification pour les autres, mais, en tous cas, sachons bien que notre tâche n'est qu'une partie de l'éducation morale et de la régénération de l'humanité.

Supposer que les hommes et les femmes dont le progrès intellectuel et moral a fait éclore les gloires et la philosophie de l'art, de la poésie, de la religion, dans le monde, et dont les existences ont été pénétrées, pendant 2.000 ans, des préceptes et des inspirations de la religion chrétienne, — dont la conduite quotidienne a été soumise au respect du droit et de la propriété d'autrui depuis les temps de Dracon et de Solon. Supposer que ces hommes et ces femmes, une fois réunis en groupes appelés Nations, parlant un commun langage, appelé une langue maternelle, obéissant à un ensemble d'institutions politiques, supposer que, un sujet de disputes, de difficultés ou de doutes venant à surgir, ces hommes et ces femmes vont se jeter à la gorge les uns des autres, brûler ravager, tuer, dans l'espoir d'établir tant bien que mal la vérité, le droit, la justice, c'est supposer que la pyramide de l'Univers se dresse sur sa pointe ; c'est supposer que le mouvement en avant du progrès humain est dans le sens de la bestialité et de la folie ; c'est supposer que les enseignements de la religion et de la morale, les inspirations de la poésie, de la peinture, de la musique n'ont d'autre but que de nous préparer à des actes de férocité et de carnage. Qui donc, je vous le demande, sont les rêveurs ? Qui donc les théoriciens ? Ceux qui font appel au règne de la justice, ou ceux qui font appel au règne de la force brutale ?

Ne nous trompons pas nous-mêmes sur ce point essentiel. Les hommes qui vivent aux dépens de l'intérêt public, dans leur situation privée ou officielle, ne sont naturellemeut pas les premiers à défendre la cause de la justice internationale. Les hommes qui ne peuvent réussir à discipliner leur propre tempérament, leurs convoitises et leurs appétits, n'iront pas réclamer l'établissement d'une Cour d'Arbitrage.

Nous nous passerons de ces hommes dans notre entreprise, parfaitement certains aujourd'hui d'un succès prochain. Bien plus, nous n'avons rien à gagner à l'appui d'un observateur cynique dont la foi ne répond pas à l'observation générale de l'histoire et de l'humanité. Sa vision aiguë et son esprit rapide découvrent assez vite les côtés mauvais et égoïstes de la vie publique et privée, et il se contente de railler et de ricaner au spectacle de ceux qui essayent de transformer cette vie.

Ces éléments que nous laissons de côté sont

indifférents ou hostiles. C'est avec joie que je constate que les éléments d'indifférence sont de beaucoup les plus puissants parmi ceux qui font obstacle à notre programme. Ceux qui nous font une opposition active n'ont pas à retenir longtemps notre attention. Les suppositions grotesques qu'ils nous donnent comme des arguments, et les fantaisies qu'ils pressent sur leurs cœurs comme des modèles de parfaite logique sont trop faciles à refuter pour être dangereux. Peu d'hommes ont assez de courage pour aller crier dans le monde que la guerre est une vertu et qu'elle devrait être encouragée par toutes les personnalités droites et morales. S'il s'en trouve quelques uns, ils vivent dans un monde de sentiments et d'émotions fausses. Ils ignorent ou ne voient pas les faits réels. A la gloire et à l'honneur des plus grands soldats de notre temps, on peut dire qu'ils ont toujours placé la paix au dessus de la guerre et qu'ils ont fait leur possible pour en finir avec les guerres dans lesquelles ils se trouvaient engagés. Personne n'apprécie mieux le prix du règlement juridique des conflits internationaux que le brave soldat ou le marin qui, sur l'ordre de son pays, a fait de son mieux pour régler ces conflits par la démonstration ou l'exercice de la force.

Il y a encore une autre catégorie de citoyens qu'il faut mentionner parce qu'elle est nombreuse, influente et importante : c'est celle des hommes qui reconnaissent que, bien entendu, l'Arbitrage international est grandement désirable ; que, bien entendu, nous devons tous aspirer au jour où nous atteindrons à cet idéal quant à présent aussi lointain et inaccessible que louable ; mais que jusqu'à ce jour, — probablement les calendes grecques, — nous devons continuer à écraser d'impôts nos grandes Nations industrielles modernes, dans leur lutte pour développer l'éducation populaire avec le progrès économique et social, — à seule fin d'augmenter et de multiplier les instruments de mort et de protéger les diverses nations contre l'invasion et l'attaque les unes des autres. Cette augmentation des armements nous est curieusement présentée comme le moyen de hâter l'avènement de l'Arbitrage international. Il paraît qu'il faut commencer par tuer et par affamer le monde civilisé pour le convertir à l'Arbitrage !

Pour faire justice de ce point de vue, il faudrait recourir moins aux arguments de la logique qu'au crayon du caricaturiste. Regardez la situation du monde telle que les citoyens en question nous la représentent. Il est entendu que les Etats-Unis sont une nation pacifique ; il est entendu que la Grande-Bretagne est une nation pacifique, mais, en conséquence, puisque ces nations ne veulent attaquer personne, elles doivent fortifier leur défense, multiplier leurs flottes et augmenter leurs armées de façon que personne ne puisse les attaquer avec succès. Mais qui donc restera pour attaquer ces nations pacifiques, respectueuses de la loi, puisque tout le monde nous assure, depuis ceux qui dirigent les Gouvernements jusqu'à ceux qui forment l'opinion publique, et à peu près l'unanimité de la presse du monde, qu'elles ne veulent pas s'attaquer les unes les autres, à moins que ce ne soit une armée d'ours blancs du Pôle Nord nouvellement découvert ou une procession d'éléphants et de fauves des jungles de l'Afrique centrale ? La crédulité humaine n'a jamais été mieux démontrée que par l'acceptation si répandue de cette plaisanterie énorme mais qu'il faudra payer très cher comme beaucoup d'autres.

Les enfants devront aller sans instruction, la réglementation et l'inspection sanitaires seront négligées, l'amélioration des logements ouvriers sera ajournée ; nous renoncerons à nous créer des récréations et des lumières, à prévoir des conditions meilleures pour le travail, la pauvreté, la vieillesse à seule fin que, au vingtième siècle, les hommes et les Nations qui se regardent comme intelligents et pratiques puissent soutenir et propager cette colossale farce.

De deux choses l'une, ou bien le monde est trompé par une mystification aux proportions cosmiques, ou bien d'importantes personnalités conspirent pour lui raconter d'affreux mensonges.

Je suis de ceux qui cherchent toujours à expliquer un acte le plus simplement possible. Mon impression est que quelqu'un fait quelque chose pour augmenter les énormes dépenses en vue de la guerre. Avez-vous remarqué qu'au moment où les divers Parlements du Monde discutent les dépenses militaires les hostilités sont toujours sur le point d'éclater sur deux ou trois points du Monde à la fois. Juste à ce moment les prophètes de la guerre commencent à avoir des visions et des rêves et le malheureux peuple naïf va s'enfermer en criant à ses représentants de voter d'urgence le plus gros crédit possible pour que des vaisseaux, des canons et des forts soient commandés en vue de les protéger contre leurs terreurs. Nous avons fait récemment une utile et lumineuse enquête législative dans notre pays ; il ne serait pas inutile, peut-être, pour éprouver la sincérité et le désintéressement de ce patriotisme enthousiaste qui se déchaîne dans le monde entier sur les questions militaires et navales, il ne serait pas inutile de recourir à la perspicacité qui a dévoilé déjà, à des yeux désagréablement surpris, d'autres charlatanismes politiques ? Est-ce à la science économique, est-ce à la psychologie que nous demanderons la cause de cette fièvre ? J'ai l'impression très vive que, s'il faut faire intervenir ces deux admirables sciences dans son diagnostic, les motifs économiques n'y constitueront pas toujours le facteur le moins important.

Le patriotisme est une vertu noble et pure, mais il ne faut jamais oublier l'observation si profonde du Dr Johnson que Boswell rapporte fidèlement. « Notre conversation étant tombée sur le patriotisme, dit Boswell, Johnson jeta soudain d'un ton catégorique : Le patriotisme est le dernier refuge des scélérats. Cette boutade stupéfiera bien des gens, ajoute Boswell, mais il y a lieu de considérer que Johnson ne parlait pas de l'amour véritable et généreux de notre pays, mais de ce prétendu patriotisme sous lequel tant d'hommes, chez tous les peuples et dans tous les temps, dissimulent leur propre intérêt. » (1)

Ce qui importe, c'est que nous cessions de nous égarer nous-mêmes avec des phrases, avec de prétendues constatations et de fausses analogies historiques : il faut voir les faits en face, tels qu'ils sont. Sans doute, tout ce que nous désirons ne sera réalisé, ni immédiatement, ni tout à la fois. Le processus de la régénération morale est même plus lent et plus difficile que celui de l'évolution intellectuelle : mais la coutume et l'habitude sont de puissantes alliées, et le monde s'est déjà fermement attaché à l'intervention de la justice dans les conflits internationaux. La Cour Suprême des Etats-Unis, dont les avis sont inspirés souvent d'une philosophie politique si saine, a déclaré que « le droit d'attaquer et de se défendre en justice remplace le recours à la force. Dans une société organisée c'est ce droit qui protège tous les autres droits ; il repose à la base

(1) Boswell. Vie de Johnson. (Oxford 1906) I p. 583.

d'un régime régulier. C'est l'un des privilèges supérieurs et les plus essentiels des citoyens : tout Etat doit l'accorder aux sujets des autres Etats dans la mesure exacte où il l'accorde aux siens.[1] »
En posant ce principe fondamental, la Cour Suprême opposait les droits des individus à ceux des Etats groupés dans notre Union. Eh bien, ce principe fondamental ne saurait-il logiquement, moralement et pratiquement s'appliquer aux droits des nations, quelle que soit leur étendue, liées dans une véritable Union universelle, par des traités et par toutes sortes de rapports d'interdépendance ?

Plus nous poussons nos adversaires et nos détracteurs sur ce point, moins leurs réponses sont satisfaisantes. Il est ridicule d'affirmer que les hommes ont toujours, en dernier ressort, réglé leurs différends par la force et qu'ils continueront, par conséquent, toujours, à procéder ainsi. Déclarer qu'il faut, le cas échéant, pour défendre l'honneur d'une nation, verser le sang des citoyens, c'est affirmer une proposition tout à fait dépourvue de sens, car, quelle que soit la justice de sa cause, cette nation pourrait être vaincue par des forces supérieures, armées pour appuyer des prétentions iniques. Qu'adviendrait-il alors de l'honneur national ? Il en résulte que l'honneur d'une nation ne peut être assurée que par l'application des principes de justice ou par

(1) *United States. Reports.* 207 : 148.

des forces si écrasantes qu'aucun adversaire ne puisse se mesurer avec elle. Tel est, en effet, le dilemme auquel se heurte aujourd'hui tout le monde civilisé : se rallier au principe universel de la solution juridique des conflits internationaux, ou transformer le monde en une succession de camps retranchés, qui, par la vaine rivalité de leurs dépenses, sucent véritablement le sang des nations. Une route nous mène à la civilisation, à la conciliation internationale, à la concorde et à la paix ; par l'autre, nous retournons à la barbarie, à la discorde, aux luttes et aux guerres. Quelle est la politique durable qu'adoptera l'humanité ? Quelle solution l'histoire impartiale aura-t-elle à juger ? Celle de la justice ou de la force armée ?

Il y a des gens, surtout des philosophes en chambre, obstinément éloignés des dangers matériels de la guerre, qui prétendent que, faute de combats nombreux et meurtriers, rien n'arrêterait assez l'accroissement de la population et que la terre serait, tôt ou tard, encombrée d'individus, sans doute pacifiques, mais, bien peu nécessaires, et dont l'activité resterait sans emploi. On peut être plus ou moins disposé à discuter sérieusement cet argument ; quant à moi, je m'y refuse.

D'autres personnes redoutent qu'avec la guerre disparaisse l'école des vertus les plus sévères de l'humanité, et que le courage, la bravoure, le patriotisme s'atrophient, faute d'une occasion périodique de s'exercer aux armes. On pourrait écrire un essai fort intéressant sur ce sujet : on montrerait de quelle discipline, de quel encouragement la famille, le foyer, les affaires et toutes les manifestations de l'esprit d'assistance, de générosité et de sacrifice, fortifient les âmes les plus douces comme les plus énergiques. Il est difficile d'écouter sans impatience la vaine rhétorique de ceux qui cherchent, dans des instincts bestiaux, l'origine des fortes vertus, et qui s'efforcent de maintenir l'humanité à un niveau si bas. Les enseignements de la religion et de la morale ont passé, presque sans les toucher, sur des hommes capables d'imaginer sérieusement qu'il ne saurait y avoir de fermeté sans l'entraînement de la force brutale.

Une des plus anciennes questions que rapporte l'histoire est l'interrogation sommaire de Caïn : « Suis-je le gardien de mon frère ? » Toute la civilisation dépend de la réponse. Si l'homme n'est pas le gardien de son frère, s'il peut tuer, voler, piller à volonté, dans son intérêt, ou personnel, ou national, toute civilisation devient désormais impossible. Il est inutile d'essayer de nous leurrer par des analogies tirées de l'histoire de l'humanité. L'humanité s'est élevée : ni elle n'est restée immobile, ni elle n'a déchu. Des actes, une politique et des événements que l'on peut aisément expliquer, et, dans une certaine mesure, défendre, lorsqu'il s'agit du passé et d'autres circonstances, ne sauraient plus aujourd'hui ni s'expliquer ni se défendre. Le vingtième siècle ne peut tirer de leçons de morale individuelle ou nationale des exemples du quinzième ou du seizième siècles. Nous sommes les gardiens de nos frères, comme ils sont nos gardiens. Le monde entier est devenu une confrérie de citoyens. Les barrières des langages tombent peu à peu ; on n'entend presque plus parler de guerres de religion ; la vapeur et l'électricité ont vaincu l'espace et le temps ; on trafique aussi facilement de nos jours entre New-York et Calcutta ou entre Londres et Hong-Kong, qu'autrefois entre deux boutiques voisines du bazar de Damas, mais séparées par la rue que l'on décore du nom de droite. Pourquoi les principes essentiels que la civilisation applique au jugement des différends individuels ne pourraient-ils désormais s'appliquer à la solution des conflits internationaux ?

Nous pouvons être satisfaits de la manière dont notre Gouvernement a contribué, pendant ces dernières années, à l'accroissement du mouvement qui tend à la solution juridique des conflits internationaux. Mais, parallèlement à ces efforts, il devrait logiquement refuser de continuer à développer ses armements, sur terre et sur mer, et réprimer plus sévèrement les jugements déplaisants et provocants que l'opinion publique porte sur d'autres nations et sur des formes politiques différentes des nôtres.

Permettez-moi d'ajouter quelques mots sur ce point : il y a une grande différence entre le désarmement et la limitation des armements. Lorsqu'une nation telle que les Etats-Unis, par un accord constant de son gouvernement avec le sentiment populaire, possède, comme elle les a, une marine et le noyau d'une armée de terre parfaitement aptes à défendre son intégrité, elle devrait arrêter le progrès de ses armements. Sans doute on nous répond qu'aucune nation ne saurait pratiquer, seule, cet arrêt, et que, jusqu'au jour où un accord international limitera les armements, toutes les grandes puissances devront se hâter d'accroître, quel qu'en soit le prix, leurs forces militaires. Si plausible que paraisse cette objection lorsqu'elle vise une nation européenne, elle tombe, lorsqu'il s'agit des Etats-Unis.

Si le meilleur moyen de continuer est de continuer, — et l'expérience nous le prouve, — le meilleur moyen de limiter les armements est de commencer à les limiter. En donnant l'exemple de cette politique les Etats-Unis n'ont rien à perdre mais tout à gagner. C'est avec une grande satisfaction que nous trouvons un appui croissant dans les manifestations de l'opinion publique, telle qu'elle s'exprime dans les débats et dans les résolutions du Congrès, comme dans les journaux les plus influents.

Il me reste à parler des critiques ingénieuses et

taquines adressées par les orateurs et les publicistes aux actes et à la politique des nations étrangères. Un grand nombre de peuples ont, au cours de l'histoire, affecté une attitude de supériorité sur leurs voisins, et c'est sur cette prétention qu'ils ont modelé leur idéal et leur conduite. On ne jugera pas, en général, j'imagine, que les conséquences historiques de leur ambition aient été bonnes ou heureuses. La méthode la plus loyale et la plus sage exige que le commentateur ou le critique suppose, jusqu'à preuve contraire, l'intelligence, la bonne volonté, et de nobles motifs dans les desseins de l'étranger. Un dédain international ne convient ni à l'homme d'Etat, ni au journaliste, ni au simple citoyen. Toute l'histoire de la civilisation peut se résumer dans ces mots : l'homme monte de la crainte à la confiance. En cessant de redouter ses voisins, en se fiant à eux, il a réussi à créer des institutions durables. De même que l'individu a remplacé la défiance par l'amitié, de même, les nations peuvent légitimement abandonner leurs appréhensions et accorder leur confiances aux peuples du monde.

Les Etats-Unis ont assez contribué à l'éducation de l'opinion, pendant les cent cinquante dernières années, pour que nous ayons l'ambition de faire mieux encore.

Nous avons montré qu'un gouvernement fédéral peut s'étendre à d'immenses territoires dont les intérêts, souvent différents, s'opposent parfois, et qu'il est assez fort pour survivre même à une terrible guerre civile. Nous avons montré, que, grâce à l'autorité d'une constitution écrite et juridiquement interprétée, la vie nationale peut se développer, et que le progrès économique peut atteindre une richesse stupéfiante, qu'un grand nombre d'étrangers peuvent être politiquement absorbés, et que la liberté civile peut être durablement assurée. Supposons maintenant que, dans quelques décades, nous parvenions à établir devant le monde que les grandes puissances peuvent, de la même façon que les Etats d'une confédération, vivre, prospérer et commencer ensemble, harmonieusement, en communion, sans lutte, et sans conflit armé, grâce à l'habitude de soumettre tous leurs différends à une décision judiciaire approuvée et exécutée comme le sont partout les sanctions nationales elles-mêmes, par une conscience publique informée et par une police internationale et neutre. Ne pourrions-nous pas être alors légitimement fiers de la place que notre pays prendrait dans l'histoire ?

Quelle fondation plus magnifique pourrait-on donner et quel monument plus durable pourrait-on élever à la gloire du peuple américain que son respect, sa garantie de la liberté civile en même temps que son développement intérieur, et, d'autre part, son initiative directrice assurant la paix du monde avec la prospérité de toutes les nations du globe !

Laisserons-nous notre œuvre interrompue quand il s'agit du suprême honneur promis à ce pays pour avoir établi la paix, l'ordre et le bonheur du monde, sous l'autorité d'une justice acceptée parce qu'elle est juste et vénérée parce qu'elle est légitime ? Quel tableau resplendissant de gloire et d'honneur les partisans de la force brutale peuvent-ils opposer à celui-là ?

L'important mouvement où nous sommes jetés nous oriente vers une nouvelle vie. Nous y connaîtrons notre devoir de pénétrer, avec la plus entière sympathie, dans l'activité, dans l'existence des nations étrangères ; de nous efforcer, toujours et partout, de rivaliser avec leurs meilleurs enseignements, en évitant les pernicieuses contagions, de proclamer hautement que nous sommes les gardiens de nos frères, et que, pour les nations comme pour les individus, le chemin de la justice, de l'intégrité et de la loyauté est le vrai chemin de l'honneur. Quant à nous, Américains, marchons y fermement !

LA FLÈCHE. — IMPRIMERIE CHARIER-BEULAY.

UN RÉSULTAT DE LA CONFÉRENCE DE LA HAYE

Carte présentée par le Ministère des Affaires étrangères de France
à l'Exposition de Londres (Mai-Octobre 1908)

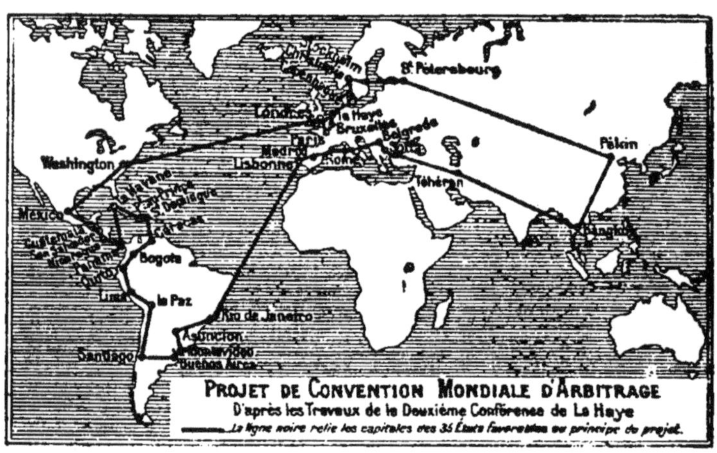

Edité par la CONCILIATION INTERNATIONALE, 78bis Avenue Henri-Martin, Paris

A la première Conférence de La Haye, en 1899, le principe de l'Arbitrage Obligatoire avait été posé mais écarté, faute d'une majorité pour le soutenir.

A la deuxième Conférence, en 1907, le même principe, posé de nouveau, est accepté cette fois par 35 Puissances sur 44 Puissances représentées.

Cette majorité, composée de toutes les Républiques Américaines et des États dont les capitales sont reliées entre elles sur cette carte, représente un milliard 285 millions d'habitants et constitue pour la première fois le bloc de la justice internationale et de la paix dans le Monde. La minorité composée de 5 opposants : l'Allemagne, l'Autriche-Hongrie, la Roumanie. la Grèce et la Turquie ; plus 4 abstentions : le Japon, la Suisse, le Monténégro et le Luxembourg, représente 222 millions d'habitants, soit un sixième de la majorité. — Encore les oppositions ou les abstentions ont-elles été motivées par des considérations d'opportunité et non *d'hostilité systématique*.

Il est donc vraisemblable que la troisième Conférence verra tous les Etats s'unir sans exception par un traité mondial d'arbitrage, comme ils le sont déjà par la convention postale universelle.

www.ingramcontent.com/pod-product-compliance
Ingram Content Group UK Ltd.
Pitfield, Milton Keynes, MK11 3LW, UK
UKHW020535180726
13839UKWH00006B/2514